NOTICE

SUR L'ANTIQUITÉ ET LA GLOIRE

DES LYS.

NOTICE

L'ANTIQUITÉ ET LA GLOIRE DES LYS.

Dilectus meus mihi, qui pascitur inter lilia.
CANTIC. Cap. 6.

PAR M. LE CHEVALIER H. DE FÉRAUDY.

PARIS,

DE L'IMPRIMERIE DE C.-F. PATRIS,

RUE DE LA COLOMBE, N° 4, DANS LA CITÉ.

1815.

NOTICE

SUR L'ANTIQUITÉ ET LA GLOIRE

DES LYS.

Il y a tout lieu de croire que c'est par un effet de la divine Providence que nos Rois portent l'écu d'azur aux fleurs de lys d'or, attendu que cette fleur est celle que Dieu a choisie parmi toutes les autres fleurs : *Ex omnibus floribus orbis elegisti tibi lilium unum.* Esdras, lib. 4, cap. 5, ver. 24.

On lit dans l'Écriture sainte, que lorsque

Moïse renferma, par le commandement de Dieu, le chandelier d'or dans le tabernacle, il l'orna de fleurs de lys ; que Salomon, le plus sage des Rois qui ont régné dans le monde, fit couronner de fleurs de lys les chapitaux des colonnes du temple de Jérusalem ; que ce même Prince fit aussi ajouter des fleurs de lys aux boucliers que le Roi David son père avait enfermés dans ses arsenaux, pour armer au besoin les braves d'Israël ; et enfin, que les prophètes se servirent de ce symbole pour marquer l'état prospère et florissant de la Ville Sainte : aussi bien, depuis l'établissement de la Religion chrétienne, on a souvent vu cette fleur parer nos autels et décorer les statues de la Vierge et des Saints.

A.-T. Gaigne, dans son Dictionnaire des ordres de Chevalerie, fait mention qu'il a existé autrefois à Najara, petite ville de la Navarre, une église dédiée à la Vierge du Lys qui y était en grande dévotion, et que Garcias VI, souverain de ce Royaume, pour accomplir un vœu qu'il avait adressé à cette Vierge, étant attaqué d'une maladie qui l'avait mis en grand danger de mort, institua, dès qu'il fut guéri, en 1048, l'ordre du lys qui a existé avec honneur pendant plus de trois cent cinquante ans, et dont la décoration consistait en une double chaîne d'or entrelacée des lettres gothiques, *MM.* à laquelle pendait une fleur de lys d'argent. Les gentilshommes qui étaient admis dans ledit ordre, faisaient serment de dévouer leur personne et leurs biens à la défense de la Religion contre les Maures.

Saint-Grégoire de Nazianze, l'un des plus célèbres docteurs de l'Église grecque, nomme la fleur de lys, fleur royale, en faisant observer qu'elle s'élève en forme de sceptre au-dessus des autres plantes.

Saint Bernard, l'oracle de son siècle, que le Pape, les Évêques, les Rois et les Princes prenaient pour arbitre de leurs différends, compare cette fleur à toutes les vertus, dans son livre intitulé Cantique des Cantiques, et conclut qu'elle a l'odeur de l'espérance,

habens odorem spei. De là vient sans doute que Louis II, Duc de Bourbon, dit le Bon, (surnom passé en proverbe dans son auguste race) instituant à Moulins, en 1370, l'ordre de Bourbon, dit aussi l'ordre de Notre-Dame du Chardon, prit pour devise *Espérance,* sur l'allusion de ses fleurs de lys, dont le collier de cet ordre était semé.

Étienne Pasquier, illustre avocat général de la Cour des comptes de Paris, sous les règnes de Henri III et Henri IV, dit dans ses savantes recherches (1), que Clovis, premier Roi chrétien de France, changea ses armoiries, dans lesquelles il y avait alors trois crapauds, et choisit les fleurs de lys qui se continuent jusqu'à nous.

Corroset (2) est également d'avis que

---

(1) Ouvrage in-folio, dont la meilleure édition est celle de 1665.

(2) Trésor des Histoires de France, par Corroset, tit. 36 de ses annotations sur les Armoiries de France.

Clovis, premier Roi chrétien, laissant l'écu
à trois crapauds, prit celui d'azur aux fleurs
de lys d'or envoyé divinement ; et passant
ensuite à la troisième race, ajoute que les
armes que portait le Roi Robert, fils de
Robert le Fort et grand oncle paternel de
Hugues Capet, étaient d'azur semées de
fleurs de lys d'or à la bordure de gueules (1).

M. Du Tillet (2) dit que l'Écu de France
fut changé après le baptême du Grand Clovis, premier Roi chrétien, et que ses pré-
décesseurs Rois, selon les chroniques, portaient auparavant trois crapauds en leur écu.

---

(1) Cette conformité d'armes des Rois de la pre-
mière race, avec ceux de la seconde et de la troisième,
vient parfaitement à l'appui des assertions de plusieurs savants généalogistes qui assurent que Robert
le Fort, tige de la maison régnante, était issu du
sang des Carlovingiens, et ceux-ci de celui des Mé-
rovingiens.

(2) Jean du Tillet, dans son Recueil des Rois de
France.

Bertelius (1) est un de ceux qui rapportent que Saint Remy, prélat de l'Église de Rheims, baptisa Clovis, et l'oignit Roi d'une huile apportée du Ciel par un ange, et qu'il prit pour armes les fleurs de lys que Dieu envoya miraculeusement du Ciel, et que le symbole des crapauds fut alors délaissé.

Pierre Grégoire (2) est du même avis, que les Rois de France qui portaient les crapauds, prirent les fleurs de lys envoyées du Ciel.

Barthélemy Chassanée (3), après avoir parlé de la verge de justice et du sceptre ou bâton de commandement qui est orné à sa cime d'une fleur de lys, dit que le Roi de

---

(1) *Joannes Bertelius, in Historiá Luxemburgá*, *p.* 5.

(2) *Petrus Gregorius, præludiis optimi justi probique magistratûs. L. 1, Cap. II, n°* 2.

(3) Chassanée *in catalogo de gloriá mundi.*

France ne peut concéder (1) le port de ses armes, parce qu'elles lui appartiènent non par coutume , mais par révélation divine faite à Clovis de prendre les fleurs de lys envoyées du Ciel, au lieu des trois crapauds.

---

(1) Cet auteur se trompe lorsqu'il avance que le Roi de France ne peut point concéder le port de ses armes , car il existe des exemples du contraire. L'illustre maison d'Estaing en fournit un que voici : Le Roi Philippe-Auguste , qui était un des descendants de Hugues Capet , ayant été renversé de dessus son cheval à la bataille de Bouvines , Déodat d'Estaing , l'un des vingt-quatre chevaliers commis à la garde de la personne royale, aida à tirer ce Prince du péril imminent où il était , et sauva aussi l'Écu du Roi, sur lequel étaient peintes ses armes. En récompense d'un service si important , le Roi lui permit de porter les armes de France , avec un chef d'or pour brisure. Cette concession est célébrée par ces deux vers :

Et que l'un des Capets, pour honorer leur nom,
Ait de trois fleurs de lis doré leur écusson.

BOILEAU , Satire 5.

Robert Gaguin (1) dit expressément, en la vie de Clovis, premier Roi chrétien en France, qu'il a appris de la renommée que les trois crapauds, que les Rois de France portaient pour leurs armes, furent changés en fleurs de lys d'or au champ d'azur, envoyées du Ciel, et que le lieu où se fit ce miracle se voit au monastère de Joyenval.

Trithemius et Goroppius (2) sont encore du même sentiment, que les fleurs de lys sont venues du Ciel par ces paroles : *Nam lilia gallica cœlo demissa sunt.*

Vivaldus, auteur Napolitain (3), est d'o-pinion que Clovis quitta l'écu de gueules à trois croissants d'argent, et ajoute qu'il re=

---

(1) *De Francorum gestis, lib.* 1 *, f.* 9.

(2) *Trithemius de compendio, vol.* 1 *, chronic. Goropius, liv.* 1 *,* 4 *, Franc., p.* 94.

(3) *Ludovicus Vivaldus de monte regali.*

çut les trois fleurs de lys du Ciel, se faisant chrétien, afin que tous les peuples de la chrétienté connussent que la très-noble famille des Princes français avait été choisie pour maintenir les mystères de l'Église de Dieu.

Hoepingue (1) parle de l'oriflamme et de l'écu à trois fleurs de lys envoyé du Ciel à Clovis ; cet écu se montrait à l'abbaye de Joyenval. Voici en quels termes il s'exprime: *Vexillum aureum auriflammam vocatum cœlitùs ad Clodoveum in abbatiá Jocavallensi, ubi scutum tribus floribus inspectum ostenditur, demissum.*

Favin (2) est aussi du sentiment que Clovis reçut du Ciel l'écu d'azur à trois fleurs de lys d'or.

---

(1) *Theodori Hoepingi de jure insignium tractatus.*

(2) André Favin, en son Théâtre d'honneur et de chevalerie.

Mezeray (1) dit aussi que l'écu semé de fleurs de lys, l'étendard ou l'oriflamme, furent déposés entre les mains d'un bon ermite, en la solitude de Joyenval, près Saint-Germain-en-Laye.

Silvestre Petra Sancta (2) est de cette opinion, que l'ancien écu d'azur semé de fleurs de lys d'or a été donné par un ange au Roi Clovis. Voici ce qu'il rapporte : *Sata sine numero aurea lilia in areolâ coloris saphirini, sunt vetus tessera regum Galliæ, per sidereum nuncium cœlitùs data regi Clodoveo.*

Charles Segoin (3) est d'avis que les fleurs de lys sont les plus précieux meubles des armoiries de France, et que le blason de nos

---

(1) Mezeray , Histoire de France.

(2) *Tesseræ gentilitiæ.*

(3) Charles Segoin, Trésor hébraïque.

Rois fut apporté du Ciel à Clovis, premier Roi chrétien.

Jean Ferrant (1) soutient également que les fleurs de lys furent envoyées du Ciel à Clovis ; et il appuie son opinion du témoignage de quarante-trois auteurs français et d'un grand nombre d'étrangers , tant flamands, qu'allemands et espagnols.

Quelques auteurs, entre autres Duchesne (2), célèbre historien et l'un des plus savants antiquaires du dix-septième siècle , font mention d'un vieux manuscrit qui contient que Miles Desnoyers , un des premiers gentilshommes de la Reine Clotilde, fille du Roi de Bourgogne , fut chargé de porter au Roi Clovis, son époux, l'écu semé de fleurs de lys, révélé par un saint ermite.

---

(1) *Joannes Ferrandus in epistolâ dedicatoriâ pro Petro Seguiero.*

(2) Duchesne, dans ses Mémoires.

Louvain Geliot (1) écrit que nos Rois ont porté les lys d'or en nombre différent ; que Clovis, suivant le nombre mystérieux de trois, les reçut du Ciel et les mit en champ d'azur.

Paul Émile (2) rapporte que Clovis ayant déposé tout l'appareil du faste et de la pompe royale, prit l'humilité d'un simple particulier et se présenta à Saint Remy, pour se purifier et se faire absoudre. Ainsi il fut régénéré de l'eau et de l'onction céleste du baptême. Il voulut même, ajoute-t-il, que cet illustre changement fût remarquable jusques dans ses armes, en quittant les trois diadèmes de gueules en champ d'argent, pour prendre ce jour là les fleurs de lys et fut appelé Louis , autrement Clovis.

Sébastien Rouillard (3), après avoir fait

---

(1) Geliot, Indice Armoirial.

(2) *Chron. de gestis Francorum.*

(3) Vie de la bienheureuse Isabelle de France, sœur du Roi Saint Louis.

l'éloge de la sublimité et de la fécondité de la fleur de lys, dont les deux singulières propriétés sont d'être la plus haute et la plus abondante de toutes les fleurs de la terre, a pensé que ç'a été par une inspiration secrète que le grand Clovis avait embrassé le christianisme et reçu la fleur de lys pour meuble de ses armes, et choisi pour cri de guerre non pas *mont-joie*, comme le croit le vulgaire, mais *moult-joie*, comme il est écrit dans les archives de Saint-Denis, c'està-dire, joie multipliée, joie universelle, joie en abondance.

De Varennes (1) dit que Clovis fut le premier Roi chrétien de France qui substitua les trois fleurs de lys aux trois diadèmes et non point aux trois crapauds prétendus, et que ces trois fleurs de lys lui furent données par l'entremise d'un archange.

L'auteur de la Méthode Royale et Histo-

(1) Le Roi d'Armes, par Marc de Varennes.

rique du Blason (1) n'est point de l'avis de quelques historiens qui ont donné pour armes à nos premiers Rois trois diadêmes ou trois croissants, disant que tout cela est aussi fabuleux que le dragon étranglant un aigle de sa queue ; et que la saine opinion est que le Roi Clovis reçut les fleurs de lys d'un saint ermite, qui lui dit qu'un ange les avait apportées du Ciel, pour en orner l'écu de France.

On apprend par l'histoire du Concile de Trente (2) que les députés français, en la contestation survenue en matière de préséance, alléguèrent, entre autres raisons victorieuses, que le Roi de France était oint d'une huile céleste, et que les fleurs de lys de ses armes lui étaient émanées d'une source divine : *Gallum regem unctum esse et lilia divinitùs accepisse.*

------

(1) Pages 9 et 196.

(2) *Fra Paolo Sarpi.*

Certains écrivains affirment que Clovis, en adoptant pour armes l'écu aux fleurs de lys, institua, en même temps, la loi salique, par rapport à l'éloge que l'Écriture Sainte fait du lys, en ces termes : « Considé- « rez les lys des champs, comme ils crois- « sent ; ils ne travaillent ni ne filent, et je « vous dis que Salomon, même dans toute « sa gloire, n'était pas vêtu comme l'un « d'eux (1), et, en effet, le Royaume de « France ne file non plus que le lys, c'est- « à-dire, ne tombe jamais de lance en que- « nouille : *Ne lancea transeat ad fusum.*

L'accord parfait qui règne dans les opi- nions des divers historiens que l'on vient de citer, établit d'une manière positive que Clovis, aussitôt après s'être lavé des eaux du baptême, adopta, par une inspiration divine, l'écu d'azur aux fleurs de lys d'or.

---

(1) *Considerate lilia, quomodò crescunt, non laborant neque nent : dico autem vobis, neque Salomon in omni gloriâ suâ vestiebatur sicut unum ex istis.* St. Luc, c. 12, v. 27.

Depuis cette époque mémorable, ces nobles fleurs de lys ont presque toujours fait l'ornement des Monarques français, et principalement de ceux de la troisième race qui les ont portées, sans interruption, sur tous leurs attributs, ayant, comme bien aimés de Dieu et des hommes, établi leur demeure entre les lys. Il serait cependant difficile de savoir au juste quel est celui de nos souverains qui, le premier, a fixé irrévocablement au nombre de trois, les fleurs de lys de ses armes, puisque la plupart des auteurs, qui se sont occupés de cette recherche, n'ont jamais pu se mettre d'accord sur ce point de chronologie ; mais qu'importe ? Quelle que soit la quantité de ces fleurs, elles n'en conservent pas moins leur excellence ; car, en effet, semées sans nombre, elles sont les hiéroglyphes de cette infinité de grâces que le Ciel répand sans cesse sur la France, *Manibus date lilia plenis* ; et mises au nombre de trois, elles renferment le symbole de la Sainte Trinité et nous représentent parfaitement trois grands attributs de Dieu, sa puissance, sa sagesse et sa bonté ;

c'est-à-dire , que le Royaume de France a toujours excellé sur tous les autres États par la force des armes , la science des lettres et la magnanimité de ses Princes , et aussi pour désigner les trois vertus ordinaires aux Rois de France , la valeur , la sagesse et la foi. Le champ d'azur sur lequel reposent ces fleurs de lys , est l'image du Ciel , et marque la sérénité de cette Monarchie , la douce température de son climat et la noblesse de ses Rois.

Un historien raconte qu'après la miraculeuse victoire que Clovis remporta sur les Germains en 496 , à Tolbiac près de Cologne , les Français de son armée cueillirent des fleurs de lys dans un terrein près du champ de bataille , et en couronnèrent leurs têtes en signe de triomphe , ainsi que l'avaient pratiqué anciennement les Carthaginois et plusieurs autres peuples qui portaient des couronnes de lys pour la marque ordinaire de leurs victoires , comme l'assure Cecil Frey , en s'appuyant de ce passage d'Aristote que les vainqueurs augmentaient leurs couronnes de lys , suivant les conquêtes qu'ils faisaient : *Liliorum or-namentum pro numero expeditionum au-gent.* Il paraît que le fameux guerrier Charles Martel et son illustre petit-fils l'Empereur Charlemagne, se servaient de la même marque, puisque M. Aribert de Nîmes, qui vivait sous Louis le Débonnaire, écrit, dans son histoire de Languedoc, que ces princes portaient sur leurs bou-cliers autant de fleurs de lys qu'ils avaient remporté de victoires sur les Sarrasins. C'est peut-être pour le même motif que le fameux oriflame qui brilla avec tant d'éclat à la célèbre bataille de Bouvine, en 1214, était couvert de fleurs de lys d'or.

Cette fleur a été également en grande vénération chez les Romains, puisque Lou-vain Geliot, Jean Tristan, seigneur de Saint-Amand et du Puy d'Amour, et Charles Segoin, savants antiquaires, ont produit des médailles des Empereurs Phi-lippe Emilien, Alexandre Pie, Tite Claude et Adrien, sur lesquelles on voit la déesse

Espérance tenant à la main un sceptre exhaussé d'une fleur de lys avec ces inscriptions : *spes augusta , spes publica.*

Que si , pour prouver que cette fleur fut de tous les temps l'ornement de la royauté, on voulait remonter à l'antiquité la plus reculée, on trouverait les rois des Assyriens, de la plus ancienne monarchie qui ait existé dans l'univers, qui, au rapport du savant historien grec Hérodote, se servaient d'un anneau signatoire sur lequel était gravée une fleur de lys, et portaient un bâton de commandement artistement travaillé, au bout duquel il y avait la même fleur, ce qui est encore étayé d'une autorité non moins respectable, celle du célèbre historien et géographe Strabon, qui affirme également que les rois des Assyriens, des Babyloniens, des Mèdes et des Perses, rehaussaient leurs sceptres de la gloire de cette fleur.

Enfin, l'excellence de cette fleur sainte, royale et militaire, est célébrée dans l'Exode, dans le cantique des cantiques, au livre de l'Ecclésiastique et dans l'histoire de Josephe.

Après avoir présenté la fleur de lys sous ses rapports historiques, héraldiques et religieux, on pourrait encore parler des baumes bienfaisants qu'elle répand sur les plaies de l'humauité (1), et en tirer l'heureux augure que sa vertu ne sera pas moins favorable au corps politique, que salutaire au corps humain, et que sous sa nouvelle influence, on verra l'Etat redevenir bientôt prospère et florissant.

FIN.

---

(1) On se sert des fleurs de lys en médecine pour cicatriser les plaies. Les habitants de la Provence, et notamment ceux de Marseille, savent très-fort apprécier la vertu de ces fleurs dont ils préparent une huile simple, faite par infusion, qui guérit promtement les blessures : c'est un remède souverain qu'ils conservent soigneusement dans leur maison pour y avoir recours au besoin.